AF453095

CHARLES MAVELOT,
Ecuyer Valet de Chambre et Graveur de feu
Madame La Dauphine.

NOUVEAUX DESSEINS

POUR LA PRATIQUE DE L'ART HERALDIQUE

De plusieurs Armes des premiers de l'Estat Ornée de leurs Couronnes Suppots Casques et l'Embrequins et Cartouches avec leurs Chiffres fleuronnez leurs noms et qualitez.

Plusieurs Devises latine dans des Cartouches de nouvelle invention.

Avec quel-ques planches de Devises françoises

Le tout Inventé Dessigné et Gravé par Mavelot Graveur de S. A. R. Mademoiselle Et de son Altesse Serenissime Monseigneur le Duc du Maine

Ouvrages tres utile aux Peintres Graveurs Sculpteurs Orfeures &c.

DEDIÉ.

A. S. A. S. MONSEIGNEUR LE DVC DV MAINE

Paris

Chez l'Auteur Cour neuve du Palais aux Armes de Mademoiselle.

Et vend plusieurs autres Livres concernant l'Art de Graveure.

Avec Privilege Du Roy.

MONSEIGNEUR

La satisfaction avec laquelle vous temoignates recevoir il
y a quelque tems les Sceaux que j'eus l'honneur de pre=
senter à vôtre Altesse Serenissime m'a inspiré la pensée
de luy offrir ces essais de graveure. Comme c'est la coutume
de ceux qui travaillent pour le public de chercher un protec=
teur, je me suis flaté MONSEIGNEUR qu'ayant pour les Sci=
ences autant d'inclination que vous en avez, vous ne refuseriez
pas vôtre protection à un ouvrage qui aura peut estre le bon=
heur de vous plaire.

Que je serois content de mon travail s'il pouvoit MONSEIGNEUR
vous divertir agreablement pendant quel-qu'uns de ces momens
où vous n'avez pas l'occasion de donner de nouvelles marques
d'une valeur desja celebre par toute l'Europe et qui soutient
si bien la gloire de vôtre nom.

Le plaisir que l'on scauroit que mon Livre auroit fait à
vôtre Altesse excuseroit en quelque maniere la liberté
que je prens de vous l'offrir et de protester publiquement
que je suis avec un profond respect

MONSEIGNEUR

De Vôtre Altesse Serenissime

Le tres humble tres obeissant
et tres soumis Serviteur.

MAVELOT.

A tres haut et tres puissant Prince Louis Auguste de
Bourbon Duc du Maine Grand Maître de l'Artillerie
de France.
Dedié par Mavelot son Graveur ordinaire.

Tres haut et tres puissant Prince Louis Auguste de Bourbon Prince.
Souverain de Dombes, Duc du Maine et d'Aumale Comte d'Eu, Pair de
France, Commandeur des ordres du Roy, Lieutenant general des Armées
de sa Majesté, Colonel general des Suisses et Grissons, Gouverneur et
Lieutenant general pour sa Majesté en la Province de haut et bas Lan:
guedoc, grand Maitre et Capitaine general de l'Artillerie de France.
Mavelot Graveur de Mademoiselle.

Chiffre de S. A. S. Monseigneur le Duc
du Maine

Mavelot Graveur de Mademoiselle.

A.S.A.R. Madamoiselle Souveraine de Dombes
Duchesse de Montpensier et de Châtellerault,
Comtesse d'Eu premiere Pair de France

Charles Mavelot Graveur de S.A.R. Madamoiselle Court neuue du Palais
au Arme de Madamoiselle

Chiffre de son Altesse Royale Mademoi:
selle.

Mavelot Graveur de Mademoiselle.

Louis Antoine de Noailles Archeve=
que, de Paris Duc et Pair de France.

Mavelot Graveur de Mademoiselle.

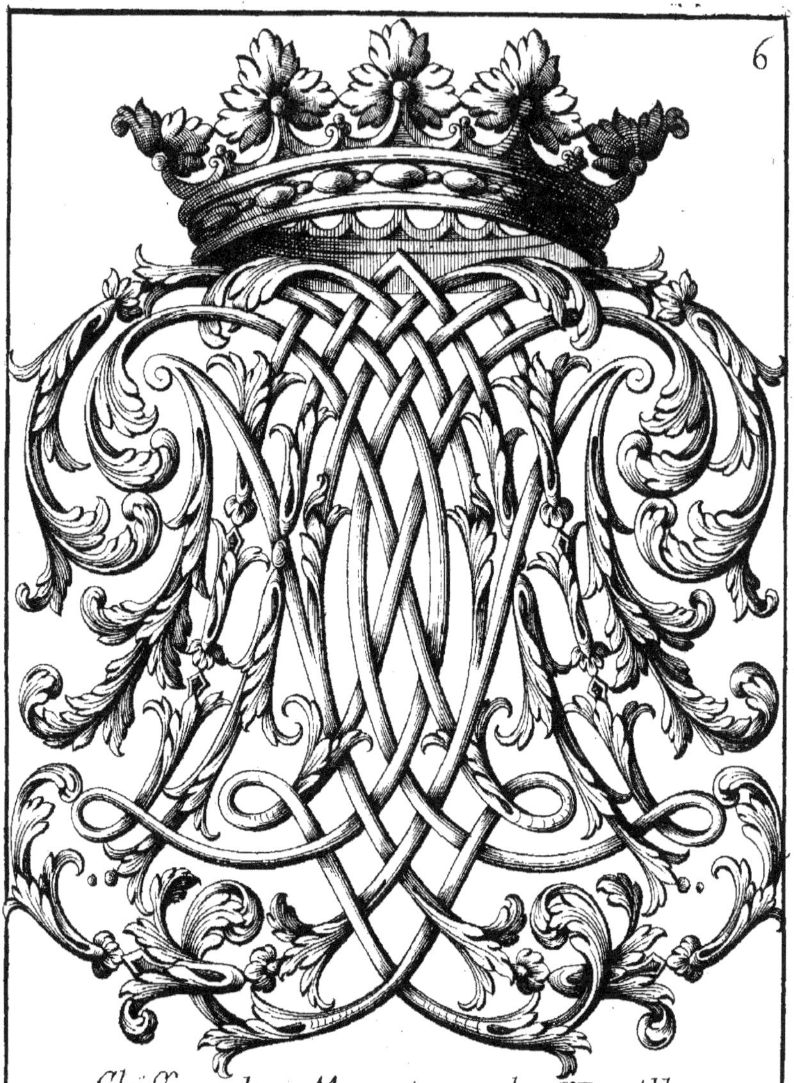

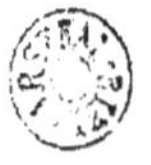

Chiffre de Monsieur de Noailles
Archevéque de Paris.

Mavelot Graveur de Mademoiselle.

Messire Leon Potier Duc de Gesvres Pair de France Chevalier
des Ordres du Roy premier Gentilhomme de la Chambre
de sa Majesté Lieutenant General de ses Camps et Armée
et Gouverneur de Paris.

Mavelot Graveur de Mademoiselle.

Chiffre de Monsieur de Gesvres
Gouverneur de Paris.

Mavelot Graveur de Mademoiselle.

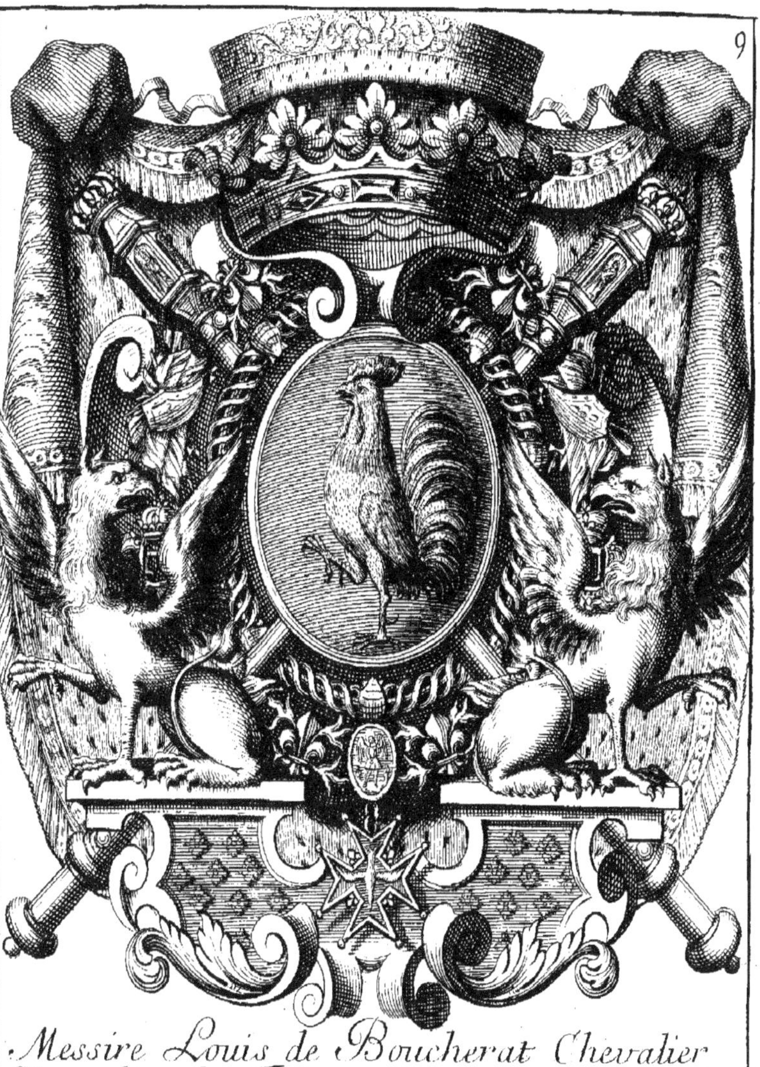

Messire Louis de Boucherat Chevalier
Chancelier de France Commendeur des ordres
du Roy Seigneur de Compans la Ville .

Mavelot Graveur de Mademoiselle.

Chiffre de Monsieur de Boucherat
Chancelier de France.

Mavelot Graveur de Mademoiselle.

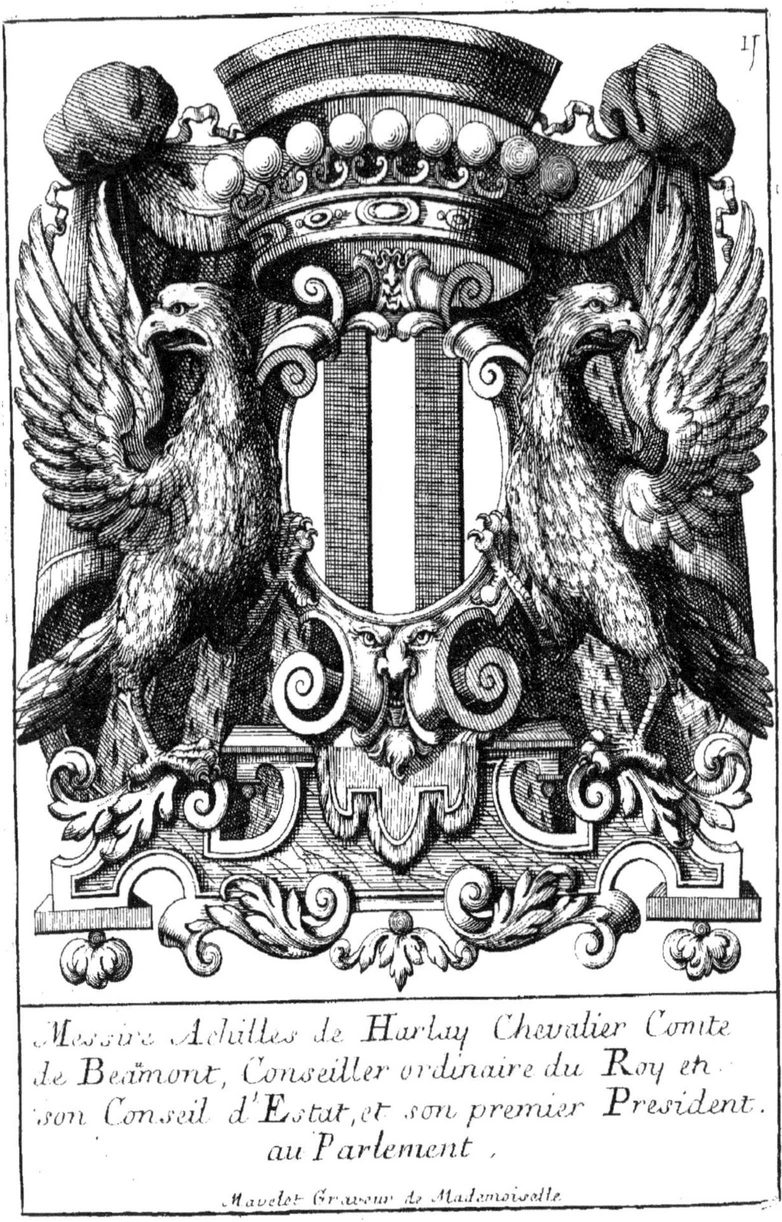

Messire Achilles de Harlay Chevalier Comte de Beāmont, Conseiller ordinaire du Roy en son Conseil d'Estat, et son premier President au Parlement.

Mavelot Graveur de Mademoiselle

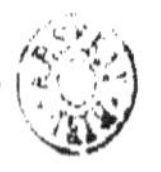

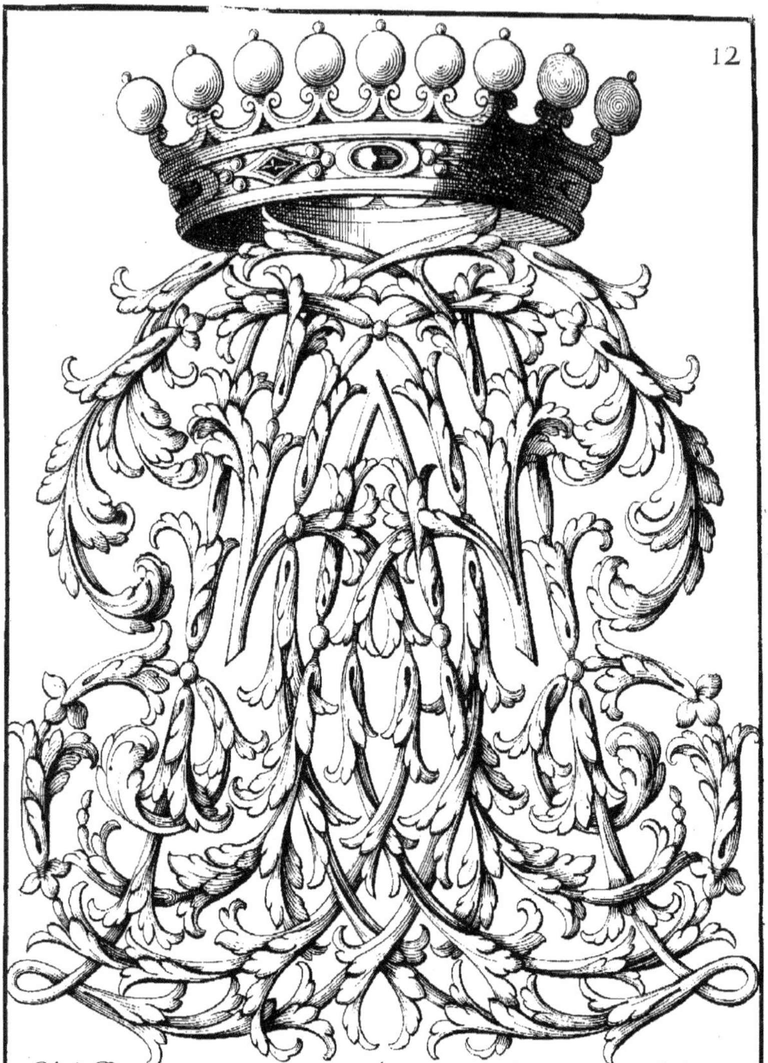

Chiffre de Monsieur le Premier President de Harlay

Charles Mauelot Graueur de S.A.R. Mademoiselle et du Grand Conseil Court neuue du Palais aux Armes de Mademoiselle

Messire Chrétien-François de Lamoignon, Con.er
du Roy en tous ses Conseils, son Premier Avocat
General au Parlement de Paris, Marquis de
Baville, Baron de S.t Yon, Seigneur de Boissy, S.t
Sulpice et autres lieux.

Mavelot Graveur de Mademoiselle

Chiffre de Monsieur de Lamoignon premier
Avocat General au Parlement de Paris.

Mavelot Graveur de Mademoiselle.

Messire Arnaud de la Briffe, Cheualier Seig:
neur de Ferieres, Passy et autres lieux, Conseiller ordinai
re du Roy en son Conseil d'Estat et Procureur General
de sa Majesté au Parlement de Paris.

Charles Mavelot Graveur Court neuve du Palais aux armes de Mademoiselle

16

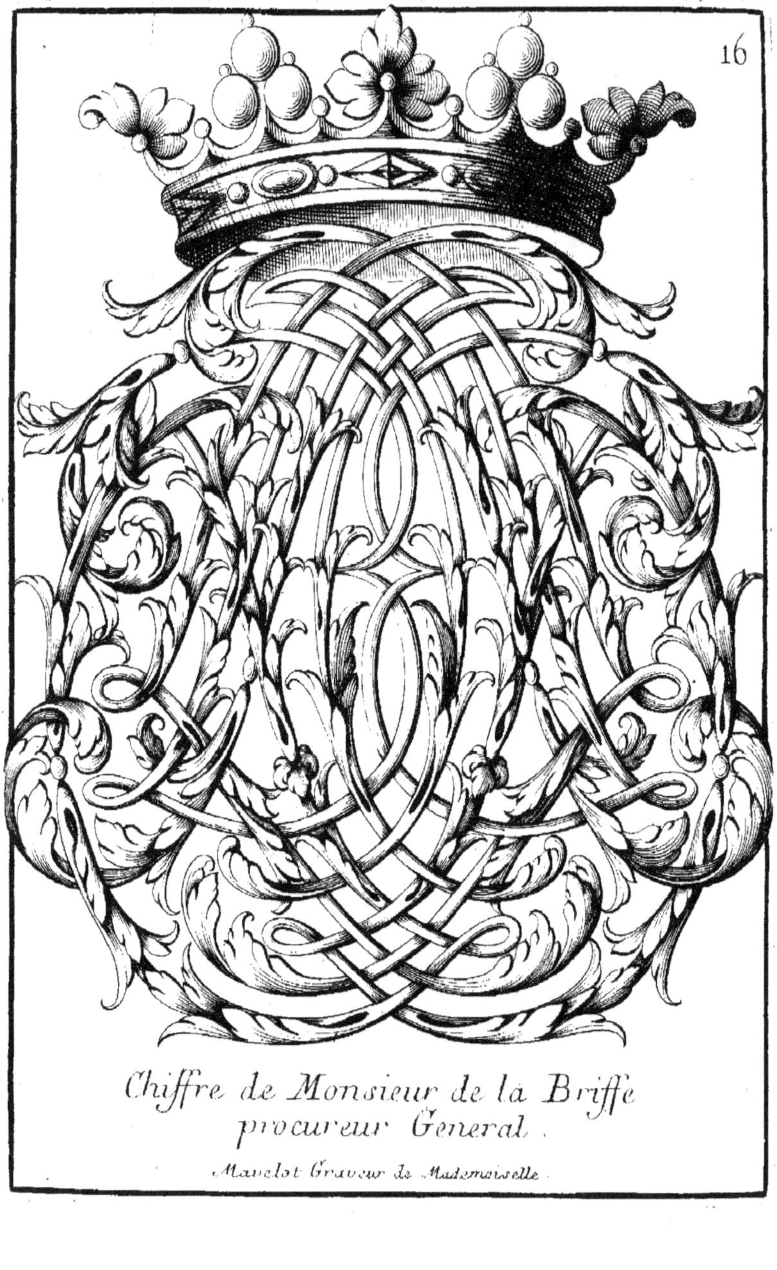

Chiffre de Monsieur de la Briffe procureur General.

Mavelot Graveur de Mademoiselle.

Mre. Louis Phelypeaux Coner. du Roy en ses Conseils Secretaire d'Estat et de ses Commandemēt
Commandeur de ses Ordres, Seigr. de la Vrilliere
Comte de St. Florentin et d'Eruif Seigr. de Chasteau-
neuf et autres places C. Mavelot Graveur court neuve du Palais

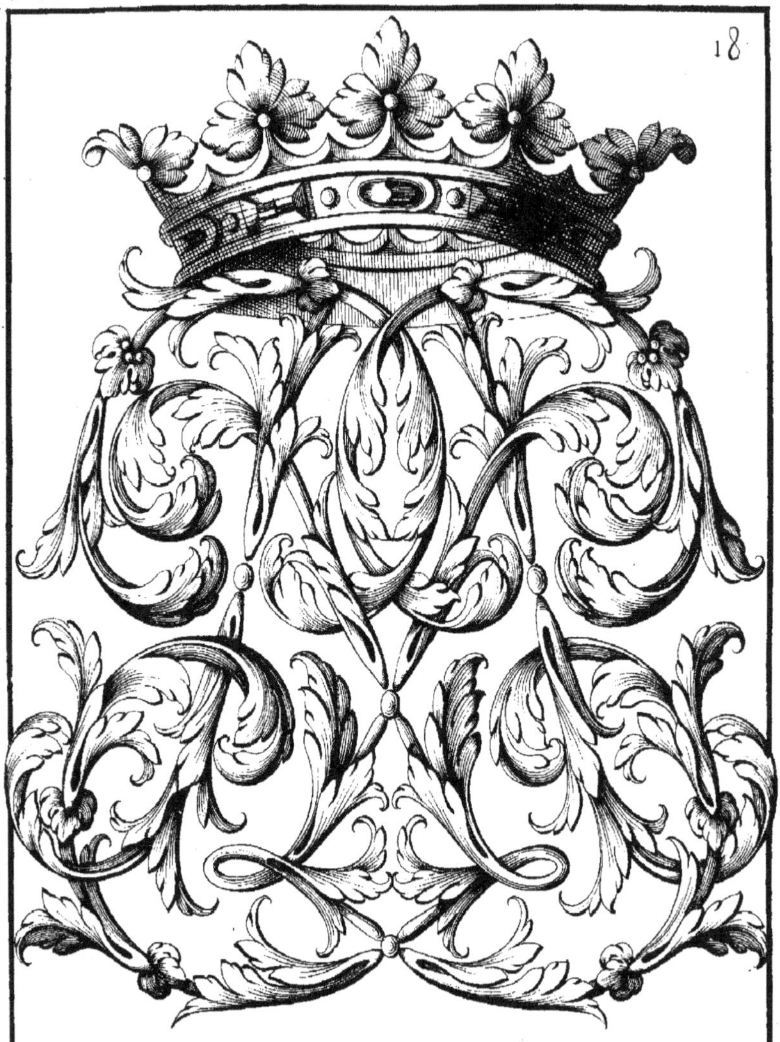

Chiffre de Monsieur Phelypeaux
Secretaire d'Estat.

Mavelot Graveur de Mademoiselle.

19

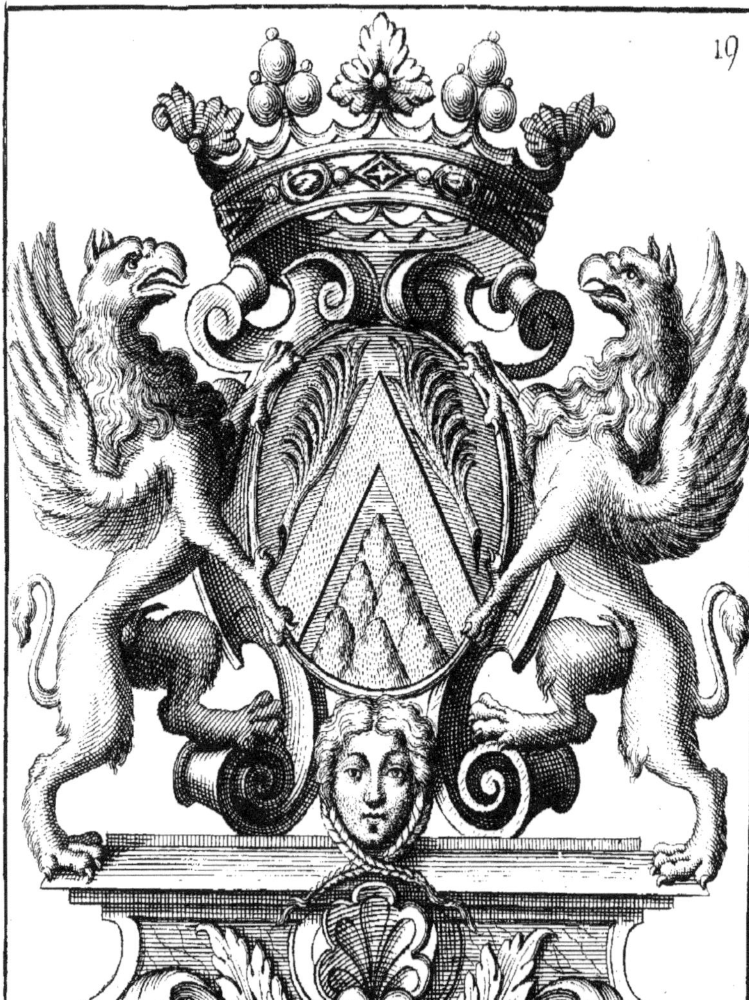

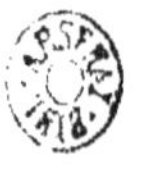

Mre. Simon Arnaud Chevalier Marquis de Pomponne Ministre d'Estat.

Mavelot Graveur de Mademoiselle

Chiffre de M^r. le Marquis de Pomponne
Ministre d'Estat.

Mavelot Graveur de Mademoiselle.

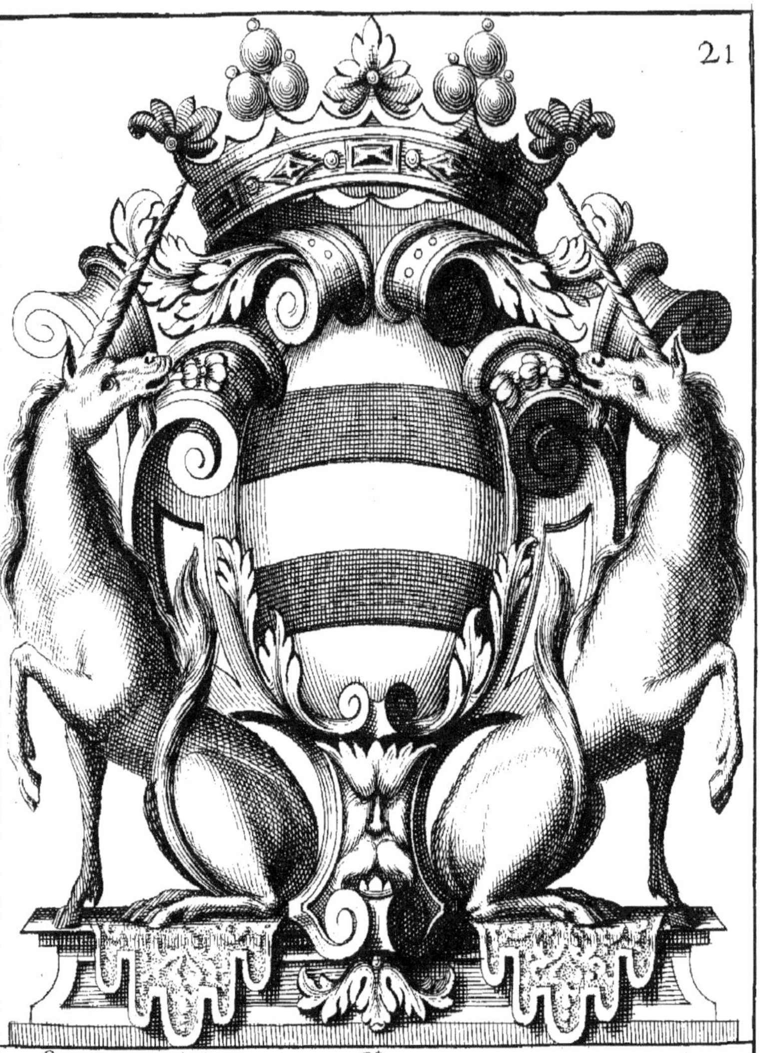

Louis François du Bouchet Marquis de
Souches Conseiller d'Estat Prevost de
l'Hostel et grand prevost de France.
Mavelot Graveur de Madsmoiselle.

Chiffre de Monsieur de Souches grand Prevost
de France.

Mavelot Graveur de Mademoiselle.

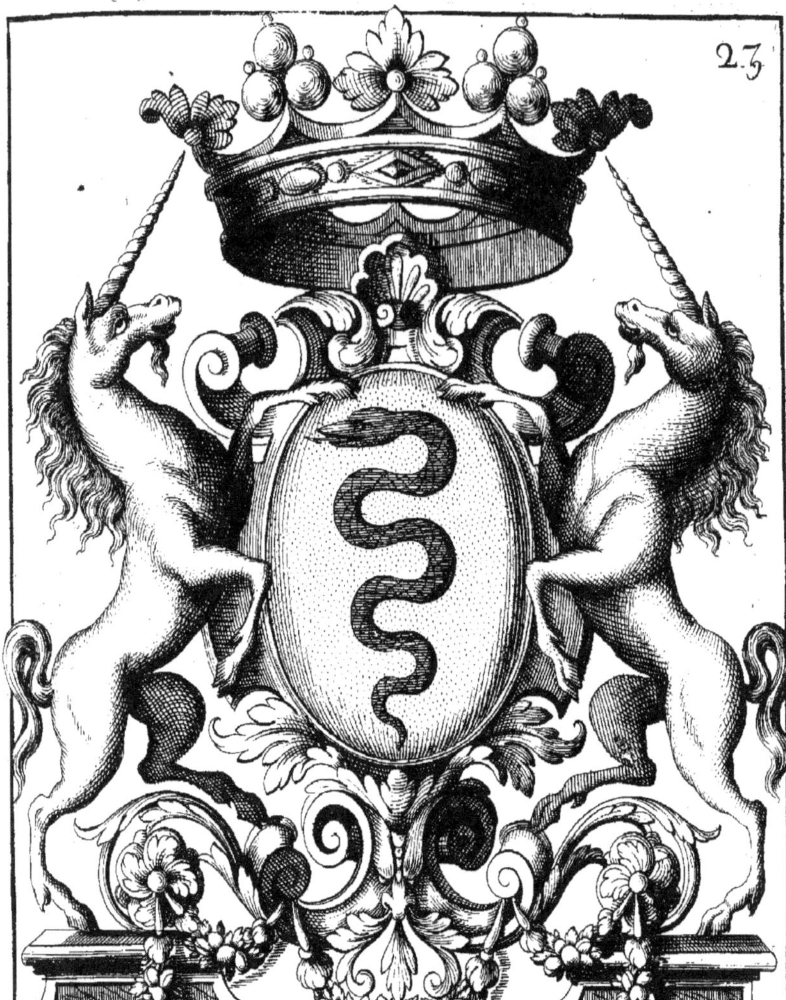

Messire Edouard Colbert Cheualier Marquis de
Villacert et de Payens Conseiller du Roy en ses
conseils sur Intendant ordonateur géneral des
bâtimens et Jardins de sa Majesté.

Charles Mavelot Graveur court neuve du Palais

Chiffre de Monsieur de Villacerf jntendant general des bastiments du Roy.

Mavelot Graveur de Mademoiselle.

Messire Thiery Bignon Conseiller du Roy en
tous ses Conseils d'Estat et Privé Premier Pre=
sident, en son grand Conseil.

Mavelot Graveur de Mademoiselle

Chiffre de Monsieur Bignon
premier President au grand Conseil

Mavelot Graveur de Mademoiselle.

Mre Thiery le Rebours Chevalier Seig:
neur de Bertranfosse Conseiller du Roy
en ses Conseils, Mtre des Requestes ho:
noraire de son hostel et President en
son grand Conseil. Charles Mavelot graveur de S.A.R.
Melle Court neuve du Palais

28

Chiffre de Monsieur le Rebours President au grand Conseil.

Mavelot Graveur de Mademoiselle.

Mre Nicolas Cotignon Chevalier Seigneur de Chauury
et du Breuil Conseiller du Roy en ses Conseils et Pre:
mier President en sa Cour des Monnoyes

Charles Mavelot Graveur de S.A.R. Mademoiselle court neuve du Palais

Chiffre de Monsieur de Chauuery
premier President de la monoyes

Mauclot Graveur de Mademoiselle.

Mre Charle Denis de Bullion Chevalier Marquis
de Gallardon Bullion, Esclimont. et autres. lieux Coner du
Roy en tous ses Conseils Prevost de la ville prevosté et
Vicomté de Paris.

Mavelot Graveur de Mademoiselle

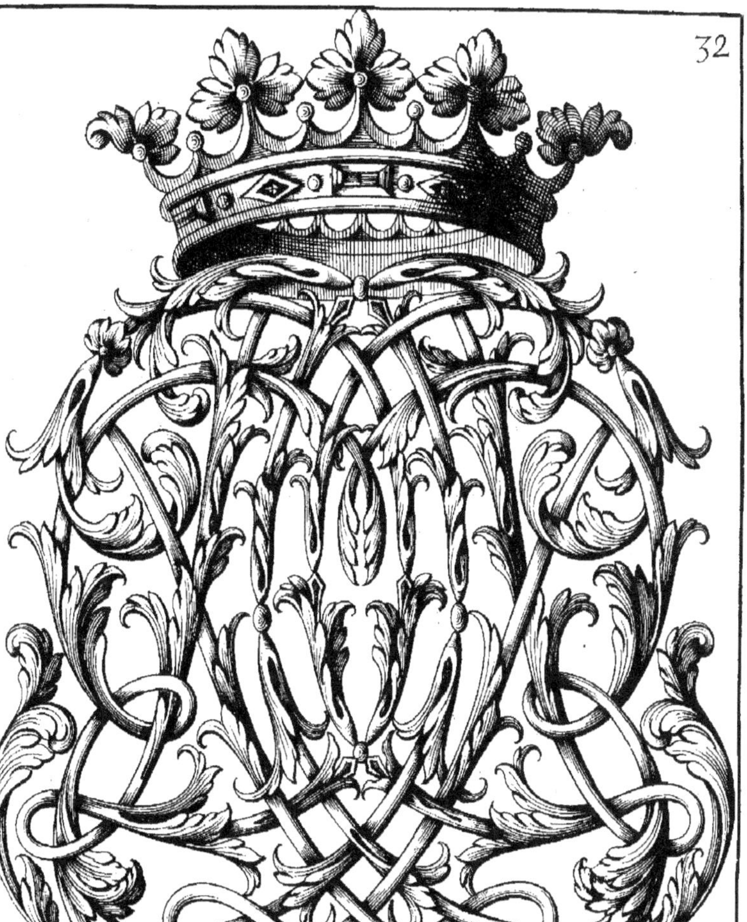

Chiffre de Monsieur Bullion
Prevost de Paris.

Mavelot Graveur de Mademoiselle.

Mre Iean le Camus Chevalier Conseiller du
Roy en tous ses Conseils Maistre des Reqtes
ordinaire de son hostel Lieutenant Ci=
vil, de la prevosté et Vicomté de Paris.
Mavelot Graveur de Mademoiselle.

Chiffre de Monsieur le Camus
Lieutenant Civil.

Mavelot Graveur de Mademoiselle.

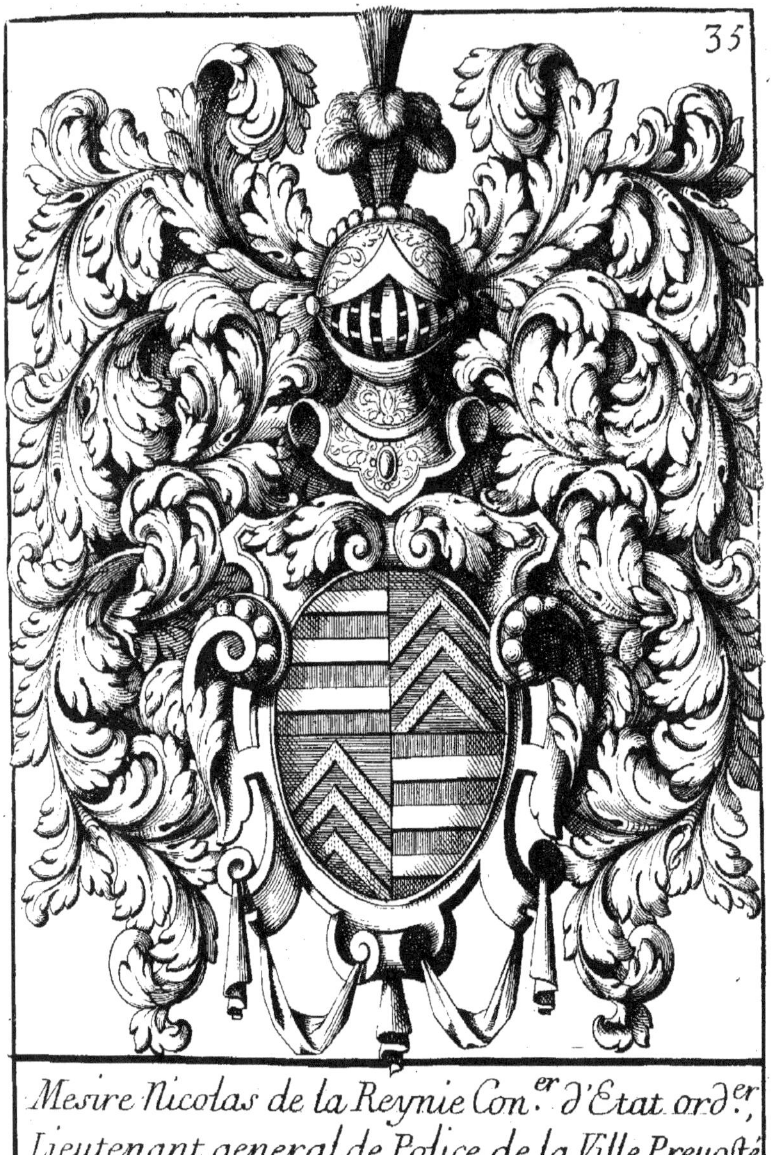

Mesire Nicolas de la Reynie Con.er d'Etat ord.er,
Lieutenant general de Police de la Ville Preuosté
et Vicomté de Paris. Charles Mauelot Graueur de son A.R. Mademoiselle et du
grand Conseil Cour t neuue du Palais aux Armes de Mademoisel

Chiffre de Monsieur de la Reynie
lieutenant de police.

Mavelot Graveur de Mademoiselle.

Messire Jacques Defitat Conseiller du
Roy en ses Conseils et Lieutenant Crimi=
nel de la Ville Prevosté et Vicomté de Paris

Mavelot Graveur de Mademoiselle.

Chiffre de M.ʳ Défitat Lieutenant Criminel au Chastelet de Paris

Mavelot Graveur de Mademoiselle

Mre Claude Robert Con.^{er} du Roy en ses
Conseils et son Procureur au Chlêt de Paris

Charles Mauelot Graueur de S. A. R. Mademoiselle, et du grand
Conseil Court neuue du Palais aux Armes de Mademoiselle

CR

Chiffre de M.ʳ lè Procureur du Roy au Chastelet
de Paris

Charles Mauelot Graueur de S·A·R· Mademoiselle et du grand Conseil Cour
neuue du Palais aux Armes de Mademoiselle

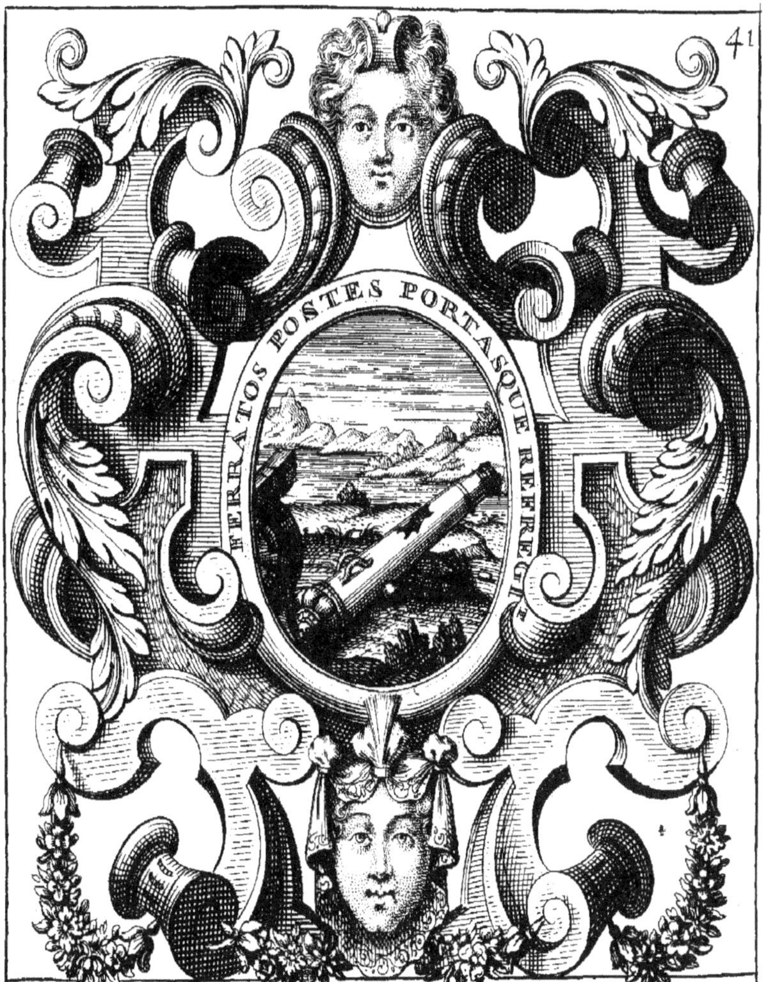

Vn gros Canon crevé et hors de son Affust

FERRATOS POSTES PORTASQUE REFREGIT

Pour vn Ancien Officier dont le courage n'estant plus secondé par les forces se trouve hors d'Estat de servir.

Mavelot Graveur de Mademoiselle.

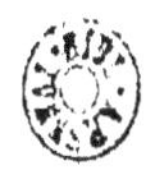

Deux Tourterelles bec á bec sur vne branche d'Olivier
VNA VNI
Pour deux personnes qui s'aiment avec autant de fidelité
que de tendresse.

Mavelot Graveur de Mademoiselle

Vn Eclair fendant la Nüe et decouvrant la foudre qui
paroit fondre sur vne tour

TERROR NON JCTUS VBIQUE

Pour vn Officier general qui donne lalarme á tout vn
païs mais qui se determine enfin á l'attaque d'vne seule
place.

Mavelot Graveur de Mademoiselle.

1. Vn Cadran Solaire et le Soleil Levant . SANS VOUS IE NE PUIS RIEN .
Pour vn amant eloigné de sa maitresse .
2. Des vents impetueux agittans des Arbres dont lvn paroitra brisé et renversé
Pour vn Officier general vn partisant qui protegent ceux qui se soumettent et detruit
ceux qui resistent . OU CEDER OU PERIR .
3. Vn aigle sur vn nuage tenant la foudre dans ses serres AU PREMIER ORDRE mis
Pour vn Officier qui nattend que lordre de la Cour pour faire sentir sa colere aux Enne
4. Deux tisons ardants oposez lun a lautre . DU MESME FEU .
Pour deux personnes qui sont vnies par les mains de lAmour .
5. Vne flame de feu . ELLE BRILLE ET CONSUME .
Pour vne belle personne qu'on ne peut voir sans laimer .
6. Vne bombe en lair le mortier dessous . PAR SON FEU IE MELEVE .
Pour vn amant dont les sentiments sont plus élevés depuis quil aime .
7. Vn alambic sur le feu duquel il tombe quelque Essance dans vne Phiole
Pour vn amant qui ne se declare que par des soupirs . MON FEU PRODUIT MES LARMES
8. Le Creuset tiré du feu . IEN SUIS PLUS PUR .
Pour vn amant qui a la force de quitter vne maitresse infidelle .
9. Vn boulet qui sort du Canon . LE FEU MA DECOVVERTE .
Pour vne declaration damour .

Mavelot Graveur de Mademoiselle .

Vn Dogue couché á l'Entreé d'vne maison la porte
entre-ouverte.

SOLIS HOSTIBUS HOSTIS.

Pour vn Gouverneur d'vne place qui ny laisse entrer
que les amis du Roy et ceux qui y viennent franche-
ment et en plain jour.

Mavelot Graveur de Madenoiselle.

Vn Grenadier portant vne jeune Grenade.
Pour vne jeune personne qui tout Enfant quelle est rem=
porte deja le prix de la Beauté.
Ce qui est naturelement monstré par la Grenade qui
naist couronneé.

Mavelot Graveur de Mademoiselle.

Vn Echiquier sur lequel il paroit quelque pieces
du jeu rangées autour du Roy.

ARS VNA ATTENDERE REGI.

Pour vn Ambassadeur où vn Envoyé qui ne doit
penser qu'a faire reussir sa negociation.

Mavelot Graveur de Mademoiselle.

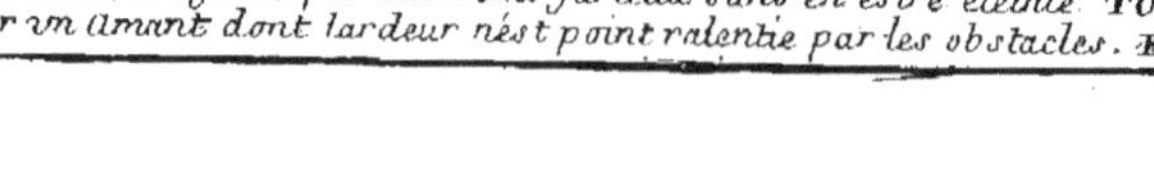

1. Vn feu dans vn brasier sur lequele il tombe vne pluye. **IL EN DEVIENT**
Pour vne passion que la froideur d'vne Maitresse jrrite. **PLUS GRAND.**
2. La pointe d'vn Clocher en feu **L'ATTEINDRE POUR L'ETEINDRE**
Pour vn Cavalier qui ne peut toucher vne Dame d'vn rang beaucoup au dessus du sien
3. Des Vents qui souflent des Charbons ardents **ILS EN SONT PLVS BRILLANTS**
Pour vn Amant qui trouve des obstacles dont il ne se rebutte point.
4. Vne pierre á fusil frapeé **DE LA PLUS DURE PLUS DE FEU.**
Pour vn Amant qui ne se rebutte point de la dureté de sa Maitresse.
5. Vn Oyseau en Cage la Cage ouverte et l'Oyseau se jouant sans sortir **L'HABITUDE**
Pour vn Amant fidel malgré la legerete de sa Maitresse **SURMONTE LA NATU.^RE**
6. Vn Papillon tournant autour d'vne Chandelle alumeé **JUS-QU'A LA MORT.**
Pour vn Cavalier passione d'vne beauté jnsensible et inexorable.
7. Vne Cheminée ou il y á du feu. **IL LA NOIRCIT OU LA BRUSLE.**
Pour vne personne dont la reputation est hazardeé par vn Commerce suspect.
8. Vn Aigle qui a perçé des nuees ou paroissent vn Eclair et des foudres **SON COURAGE LA**
Pour vn homme que la mauvaise fortune ne peut abbatre **MIS AU DESSUS DU DANGER**
9. Vne lenterne agiteé par des Vents furieux sans en estre éteinte **TOUJOURS**
Pour vn Amant dont l'ardeur n'est point ralentie par les obstacles. **EN VAIN.**

Vn Aigle qu'vne troupe d'Oyseaux insulte vainement
NUMERO VICTORIA FULGET
Pour vn Officier General qui ne refuse jamais de
combatre contre le plus grand nombre

Mavelot Graveur de Mademoiselle

Vne maison en Feu.

MONTEM FATA DEDERUNT

Pour vn Cavalier qui attend de son courage ce que sa mauvaise fortune luy refuse.

Mavelot Graveur de Mademoiselle

Vn Oyseau attaché avec vn filet au haut d'vne perche pour estre
tué á coups de fleche la fleche coupant le cordon qui lattache
PREMENTE DEO, FERT DEUS ALTER OPEM
Pour vn Officier prisonnier qui á trouve des secours jnopinés
chez les Enemis.

Mavelot Graveur de Madamoiselle

1. Vn Oyseau qui sort de sa cage et s'envole. IE LA QUITTE POUR ALLER AV
   Pour vn homme qui quitte ses jntrigues pour changer de vie. CIEL.
2. Vne Grüe le pied en l'Air pendant que ses compagnes reposent. IL VEILLE POUR LE
   Pour vn Officier alerte sur les soins du quelle tout vn camp se repose. VR. REPOS.
3. Vn Autour qui prend son essor aussy-tost quil à quitté son chaperon
   Pour vn Amant entesté mais qui commance a ouvrir les yeux sur le peu de merite
   jnfidelité et les autres deffauts de sa Maitresse. EN VOIANT IL EST LIBRE.
4. Le Soleil levant et les oyseaux chantans sur des Arbres SON RETOUR LES RANIME
   Pour vne Maitresse dont les graces sont plus vives de puis le retour de son Amant
5. Vn Eprevier volant avec ses longes MES LIENS SONT LEGERS.
   Pour vn Amant qui cherit sa Maitresse.
6. Vn Oyseleur à la Chasse au miroir LESCLAT LES VA SVRPRENDRE.
   Pour vne belle personne qui fait des esclaves de tous ceux qui la voyent
7. Vn Paon qui fait la roüe. IL NE VOIT PAS SES PIEDS.
   Pour vn homme venu de rien qui se donne des Airs.
8. Vn Aigle regardant le Soleil. RIEN NE PEUT L'EBLOUIR.
   Pour vn honeste homme que les honeurs n'ont point change
9. Vne Tortüe qui marche. LENTEMENT ET TOUJOURS SEUREMENT.
   Pour vn homme qui se determine avec peine mais qui ne prend jamais le
   party des étourdis.

Mavelot Graveur de Mademoiselle.

Messire Marc René de Voyer, de Paulmy, d'Argenson,
Chevalier, Conseiller du Roy en ses Conseils, Maistre des
Requestes ordinaire de son Hostel, Lieutenant General
de Police de la Ville, Prevosté et Vicomté de Paris.

Marelot Graveur de Mademoiselle…

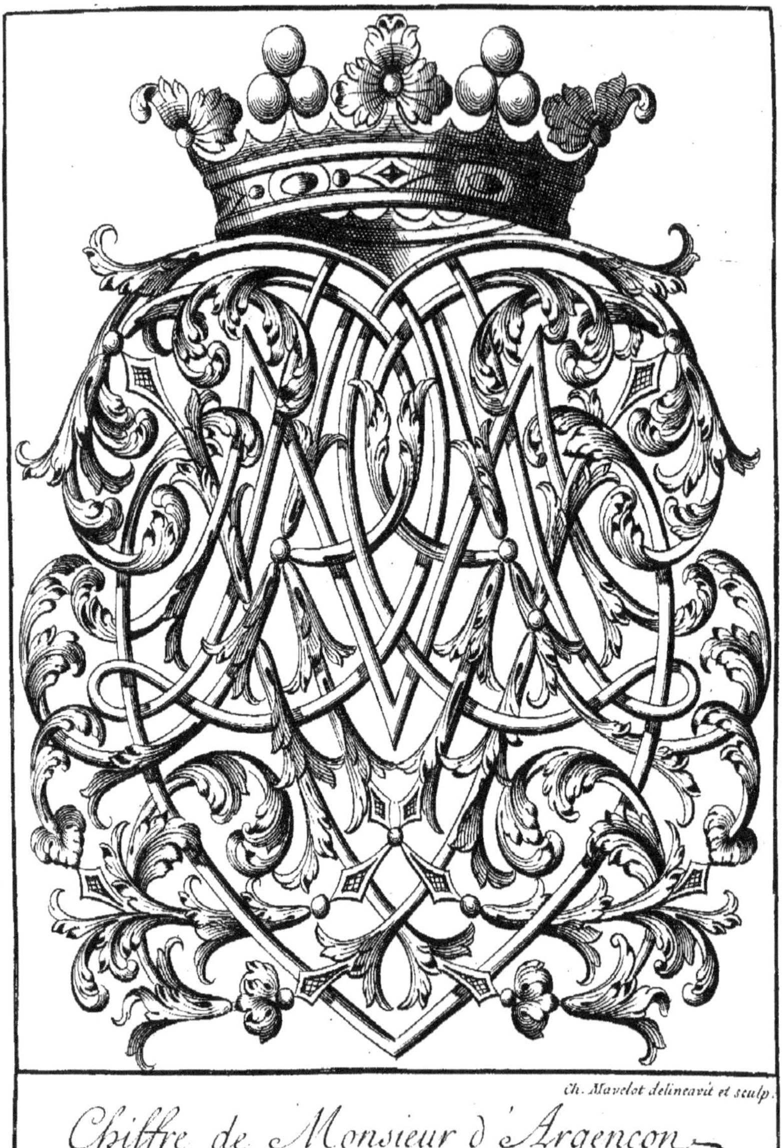

Ch. Mavelot delineavit et sculp.

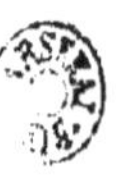

Chiffre de Monsieur d'Argençon
Lieutenant de Police.

9 782329 753881